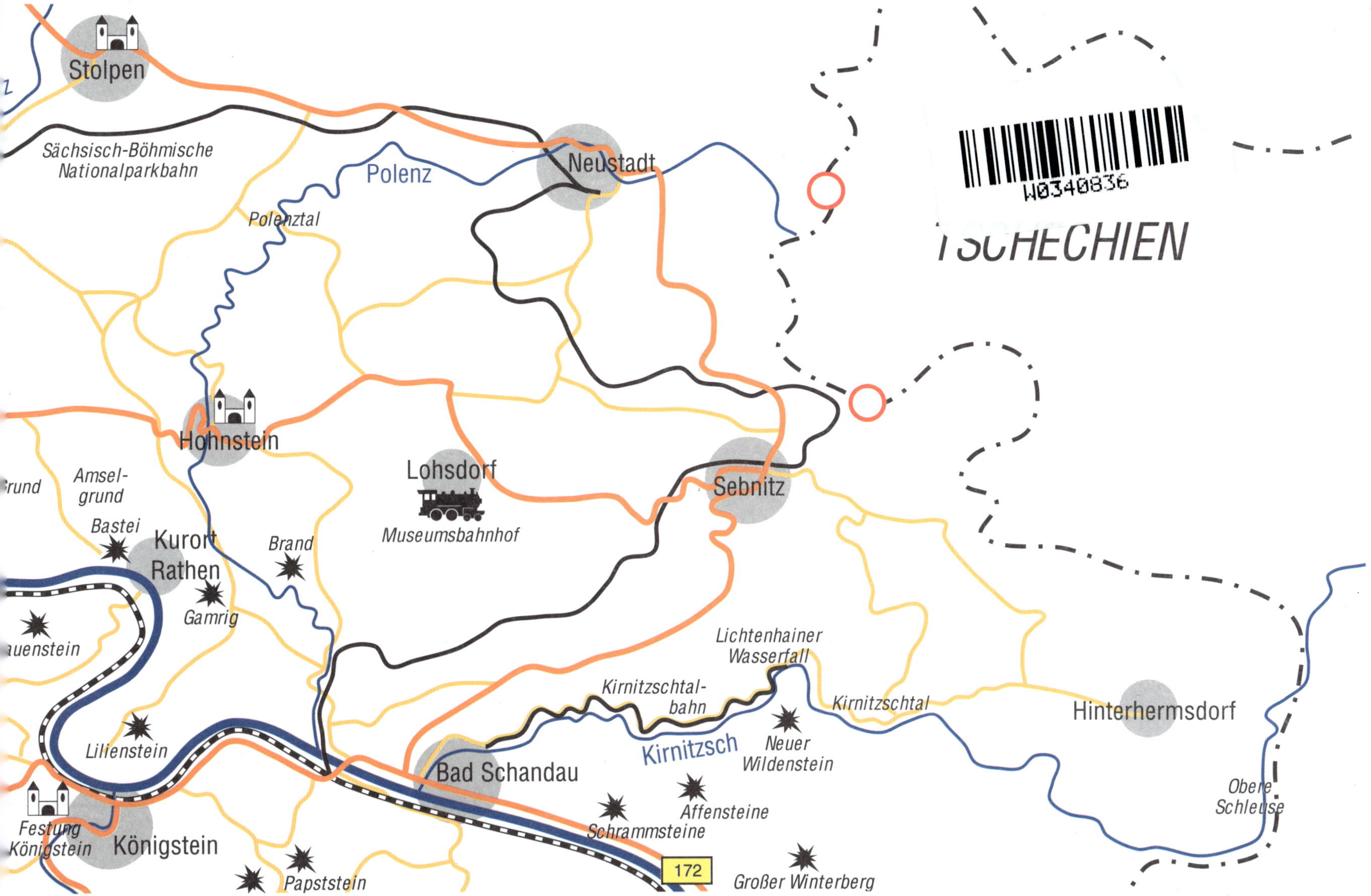
Stolpen
Sächsisch-Böhmische Nationalparkbahn
Polenz
Neustadt
Polenztal
TSCHECHIEN
Hohnstein
Lohsdorf
Museumsbahnhof
Sebnitz
Amsel-grund
Bastei
Kurort Rathen
Brand
Gamrig
Lichtenhainer Wasserfall
Kirnitzschtal-bahn
Kirnitzschtal
Hinterhermsdorf
Lilienstein
Kirnitzsch
Neuer Wildenstein
Bad Schandau
Affensteine
Schrammsteine
Obere Schleuse
Festung Königstein
Königstein
172
Papststein
Großer Winterberg

Unterwegs im
Elbsandsteingebirge

Sächsisch-Böhmische Schweiz

Thomas Böttger

Titelbilder: - Barbarine am Pfaffenstein
- Personendampfschiff "Kurort Rathen" bei Königstein
- Blick von Pirna-Posta nach Pirna
- Blick vom Pfaffenstein zum Königstein
- Teufelsschlüchte bei Stadt Wehlen
- Prebischtor bei Hrensko / Herrnskretschen
- Carolabrücke über die Elbe bei Bad Schandau

Innentitel: - Blick von der "Kleinen Bastei" bei Kurort Rathen ins Elbtal

Rücktitel: - Sonnenuntergang an der Schrammsteinaussicht

Bildverlag Böttger GbR
W. I. T. der Gewerbepark
Witzschdorfer Hauptstraße 94
09437 Witzschdorf
Telefon: 0 37 25 / 2 01 40
Fax: 0 37 25 / 2 02 40
www.boettger-bildverlag.de
e-Mail: info@boettger-bildverlag.de

1. Auflage 2011

ISBN 978-3-937496-38-2

Liebe Leserin, lieber Leser,

weltweit gibt es die Landschaftsbezeichnung "Schweiz" mindestens 191 mal, wobei allein 67 "Schweizen" in Deutschland bekannt sind. Besonders schöne Gegenden wollten sich schon zu Zeiten der Romantik mit dem Land der Helvetier messen, bei anderen setzte sich der Begriff "Schweiz" erst in der Neuzeit durch, als die Vermarktung von Tourismusregionen begann.
In der Sächsischen Schweiz, dem deutschen Teil des Elbsandsteingebirges, waren es sogar waschechte Schweizer, die von Dresden aus den Weg in das romantische Gebirge fanden. Die beiden jungen Künstler Anton Graff aus Winterthur sowie der St. Gallener Adrian Zingg kamen 1766 an die Dresdner Kunstakademie. Im Sommer des gleichen Jahres wanderten sie mit ihrem Skizzenbuch im Gepäck bis in die Umgebung der Festung Königstein. Ihr künstlerisches Interesse für die militärisch genutzte Anlage brachte ihnen sogar einen Tag Arrest ein. Manches mögen sie wohl in dem Felsengebirge gefunden haben, was sie an ihre schweizerische Heimat erinnerte.
Bis die sächsischen Bürger die Schönheit der Landschaft entdeckten, sollte es wohl noch ein Weilchen dauern. Die erste Erwähnung der "Sächsischen Schweiz" fand sich in der deutschen Reiseliteratur erstmals 1783 ("Umständliche Beschreibung Dresdens") durch einen gewissen Hasche. Populär wurde die Bezeichnung auch durch die Veröffentlichungen von Wilhelm Leberecht Götzinger (1758 - 1812), welcher als Pfarrer in Neustadt/Sachsen tätig war. Den richtigen Durchbruch brachte aber erst das 19. Jahrhundert, besonders Lohmen entwickelte sich zu einem beliebten Ausgangspunkt für "Schweizreisende". Als dann 1837 das erste Dampfschiff die Elbe empor fuhr und schließlich 1852 die Eisenbahn die Region eroberte, änderten sich schlagartig die Verhältnisse. Auch die Einheimischen, meist tätig als Elbeschiffer oder Handwerker, entdeckten rasch die Einträglichkeit des Fremdenverkehrs. Zu Pfingsten 1812 bot der Lohmener Fleischergeselle Pietzsch erstmals Erfrischungen an der Bastei an. Bald neideten ihm andere das lukrative Geschäft und zogen nach ...
Im Laufe der Jahrzehnte entwickelte sich das Elbsandsteingebirge zu einem beliebten Urlaubsgebiet. Zu DDR-Zeiten folgte gleich nach Thüringen und der Ostsee die Sächsische Schweiz, einschließlich der Umgebung von Dresden, mit 16% aller FDGB-Urlaubsquartiere. Auch heute übernachten jährlich etwa 1,4 Millionen Touristen in dieser abwechslungsreichen Region.
Der vorliegende Band möchte Sie zu den beliebtesten Ausflugszielen des Elbsandsteingebirges führen und an mancher Stelle die Zeit auch ein wenig zurückdrehen. Lassen Sie sich also überraschen und kommen Sie mit in die "Schweiz".

Witzschdorf, im April 2011 Thomas Böttger

Orte in der Sächsischen Schweiz

Pirna - Große Kreisstadt

Stadt Wehlen - Kleinstadt in der Sächsischen Schweiz

Kurort Rathen - kleinste Gemeinde in Sachsen

Königstein - geschichtsträchtiger Ort

Bad Schandau - Staatlich anerkannter Kneippkurort

Reinhardtsdorf-Schöna - direkt am Malerweg

Hinterhermsdorf - mit der Oberen Schleuse

Hohnstein - Burgstadt am Fels

Lohmen - mit der Bastei

Stolpen - Burgstadt mit Geist

Brand. Sächs. Schweiz

Sächs. Schweiz.
Basteifelsen und Basteibrücke.

Pirna. Schloß Sonnenstein.

Königstein (Sächs. Schweiz)

Pirna - Große Kreisstadt

Vom Pirnaer Marktplatz entstand im Spätbarock auch ein bekanntes Gemälde von Bernardo Bellotto (Canaletto). Um 1970 standen zwar noch viele der geschichtsträchtigen Häuser, jedoch zeigten sie sich dem Betrachter in ziemlicher Tristesse.

Heute ist der Marktplatz ein Schmuckstück der historischen Altstadt. Am Rathaus mit der urkundlichen Ersterwähnung 1396 entstand auch die Sonnenuhr (oberes Bild) in altem Glanz wieder neu.

Der Blick durch die Kirchgasse zum Rathaus in den frühen 1970er Jahren zeigt noch einmal den baulichen Zustand.

Einst war der Marktplatz auch Verkaufsstätte verschiedener Handwerker, heute finden hier wieder Wochenmärkte statt.

Wieder ein Blick zurück in die 1970er Jahre: Das Bild der Altstadt wird dominiert von der Marienkirche, links schließt sich der Sonnenstein mit seiner mächtigen Schlossanlage an. Einst als Burg errichtet, diente es, 70 m über der Elbe gelegen, zur Kontrolle der Elbfurt. In seinem Schutz konnte sich die Stadt Pirna als Handelsplatz entwickeln.

Inzwischen ist auch hier das Bild merklich farbenfroher geworden. Heute queren in Pirna zwei Brücken die Elbe, über die jüngere der beiden führt der Zubringer zur Bundesautobahn 17. Nach dem 2002er Elbe-Hochwasser wurden viele Gebäude neu renoviert.

Einen besonders schönen Blick auf die Altstadt von Pirna hat man vom Sonnenstein. Rechts die Marienkirche und in Bildmitte das historische Rathaus. Bei der gewaltigen Stadtkirche handelt es sich um die drittgrößte Hallenkirche in Sachsen (nach St. Annenkirche Annaberg-Buchholz und Peterskirche Görlitz). Das Dach mit einer Firsthöhe von 40 Metern sanierte man im Jahre 2004 gründlich. Noch bis zum Anfang des 20. Jahrhunderts wohnte im Turm der Glöckner/Türmer.

Als Tor zur Sächsischen Schweiz kommt Pirna eine besondere Bedeutung für die Personenschifffahrt zu, welche hier 1837 mit der "Königin Maria" begann. Neben Dresden ist Pirna heute Ausgangs- und Endpunkt von Linienfahrten der "Sächsischen Dampfschiffahrt".

Im Luftbild zeigt sich nochmals die Lage von Pirna, dem heutigen Verwaltungssitz des Landkreises Sächsische Schweiz-Osterzgebirge. Linkselbig befindet sich die historische Altstadt mit dem Sonnenstein. Rechts der Stadtteil Copitz, verbunden durch die Stadtbrücke.

Im Mai 2005 eröffnete in Pirna ein DDR-Museum. Nach der Neueröffnung 2007 an der Rottwerndorfer Straße 45 M beträgt die Ausstellungsfläche heute 1500 m² und die Außenfläche 800 m². Dort kann man ab Mai 2011 die Kinderstraßenbahn "Lottchen" bewundern.

Rechtsseitig der Elbe zieht sich der Pirnaer Ortsteil Posta am Fluss entlang. Bis Anfang der 1990er Jahre gab es in Posta noch eine eigene Schiffsanlegestelle. Um 1970 hatte hier gerade Dampfer "Dresden" der damaligen "Weißen Flotte" bei seiner Fahrt in die Sächsische Schweiz angelegt.

Von der Königsnase in Obervogelgesang (OT von Pirna) bietet sich ein schöner Blick auf das hier beginnende Elbsandsteingebirge mit Posta. Typisch sind die Spuren des einstigen Steinbruchs. Postaer Sandstein fand an vielen historischen Dresdner Bauten Verwendung.

Stadt Wehlen - Kleinstadt in der Sächsischen Schweiz

Unmittelbar nach Posta schließt die Ortschaft Zeichen (Stadt Wehlen) an. Hier ein Bild aus dem Jahre 1976, damals gab es hier noch die Fähre nach Obervogelgesang sowie eine Schiffsanlegestelle. Ein beliebtes Ausflugsziel war auch das "Fährhaus Zeichen".

Über Jahre lag das historische "Fährhaus Zeichen" im Dornröschenschlaf, heute ist es ein Ferienhaus. Als Dampfer "Leipzig" im Oktober 2007 vorbei fuhr, gab es hier schon längst keine Fähre mehr. Auch die Dampfschifffahrt legt in Zeichen nicht mehr an.

In Zeichen gibt es eine kleine private Modellausstellung zum Thema Straßenbahn und Omnibus. Hier ein Sammelsurium von Haltestellenschildern mehrerer Länder.

Zwischen Zeichen und Stadt Wehlen wird auch heute noch der so genannte Postaer Sandstein gebrochen. Hier gewann man auch Steine für die wiedererrichtete Dresdner Frauenkirche. Auf dem ab 1990 markierten Steinbruchpfad findet man zahlreiche Tafeln und historische Steinbruchgerätschaften am Wegesrand vor.

Den Beginn bzw. Abschluss des Steinbruchpfades Stadt Wehlen - Zeichen bildet die "Wilke Aussicht". Links erblickt man Stadt Wehlen, dahinter die Felswände des Basteigebietes, rechts der Ortsteil Pötscha, über dem sich im Bildrand die Rauensteine erheben.

Blick auf Stadt Wehlen von der Pötschaer Seite im Sommer 1993. Damals war hier noch die Gierfähre in Betrieb, welche die Kraft des strömenden Wassers zur Fortbewegung nutzte.

Auffällig sind die frischen Fassaden 17 Jahre später. Die Hochwässer der Jahre 1999 und 2002 hatten auch diesem idyllischen Städtchen an der Elbe stark zugesetzt.

Alljährlich Ende September feiert man in Wehlen die Wehlkirmes. Hier ein Blick von der Burgruine auf den Marktplatz der Kleinstadt.

Auch das gehört zur Wehlkirmes: Sport und Spiel für Jung & Alt, wie hier das Tauziehen auf der Elbwiese.

In interessante Farben taucht die Stadt bei dem Abschlussfeuerwerk, welches die Wehlkirmes ausklingen lässt.

Seit April 2004 besitzt Stadt Wehlen die einzige Radfahrerkirche Sachsens. Von April - Oktober gibt es zahlreiche Veranstaltungen.

Bereits seit Ende des 18. Jahrhunderts entwickelte sich im Gebiet um Wehlen immer mehr der Tourismus. Besonders bekannt wurde der Ort als einer der Ausgangspunkte zur "Bastei", hier rechts im Hintergrund zu sehen.

Seit 1994 setzt die "Sächsische Dampfschiffahrt" neben den historischen Raddampfern auch zwei neu erbaute Salonschiffe ein. Hier MS "August der Starke" auf Fahrt in den Sonnenuntergang.

Der Dampfer "Sachsenwald" war bis zur Stilllegung 1972 auf märkischen Wasserstraßen unterwegs und entging nur knapp der Verschrottung. Hier liegt er in Stadt Wehlen und wird gelegentlich für Rundfahrten angeheizt.

Kurort Rathen - kleinste Gemeinde in Sachsen

Die Schiffsanlegestelle Kurort Rathen der "Weißen Flotte" im Sommer 1972. Der 1897 erbaute Dampfer "Riesa" wurde bereits vier Jahre später wegen Kesselschadens außer Dienst gestellt. Seit 1978 steht er an der Oder in Oderberg als Museumsschiff.

Ein ähnlicher Blickwinkel in der Gegenwart: Neben den historischen Raddampfern der "Sächsischen Dampfschiffahrt" begegnet man heute auch modernen Motorschiffen, wie hier dem 1994 erbauten MS "Gräfin Cosel", auf der Elbe.

Linkselbig hat sich in Kurort Rathen die Klangterrasse zu einer besonderen Sehenswürdigkeit etabliert. Inmitten der Schönheit des Elbtales bietet sich hier ein interessanter Eindruck für die Sinne. Im 8-Kanalton erlebt man Kompositionen einheimischer Künstler.

Blick von Oberrathen nach Niederrathen im Sommer 1972. Speziell für den Kurort Rathen wurde 1958 die Gierseilfähre "Bergland" gebaut, welche bis zu 300 Personen befördern kann.

Ein ähnliches Motiv im Oktober 2007, die historische Fähre ist auch heute noch in Betrieb. Inzwischen hat sich das Ortsbild schon wieder etwas verändert, da das Hotel "Erbgericht" (links neben Brücke) umgebaut wurde.

Idyllisch liegt der Ortsteil Niederrathen mit seinen Fachwerkhäusern am Amselbach. Da Rathen nur unweit von Wehlen entfernt liegt, entwickelte sich gegenüber Touristen der Spruch: „Sie können Rathen wählen, ich würde Ihnen auch zu Wehlen raten."

Durch Niederrathen führt auch der Elberadweg, welcher insgesamt eine Länge von 860 Kilometern aufzuweisen hat. Angenehm ausspannen lässt es sich auf den vielen Bänken der Elbterrasse.

Vor der Gemeindeverwaltung sind die Kletterfelsen des Rathener Gebietes als Brunnenfiguren nachgebildet. Im Bild unten links der Türkenkopf, oben das Lamm und daneben Mönch und Nonne.

Seit 2007 gibt es in Oberrathen die Eisenbahnwelten. Entstanden ist die Anlage auf dem Gelände eines Dreiseitenhofes, welcher über Jahre dem Verfall preisgegeben war. Verbaut wurden ca. 4.500 m Gleis und es verkehren gleichzeitig etwa 30 Modellzüge.

Königstein - geschichtsträchtiger Ort

Königstein mit Schiffsanlegestelle und Bahnhof im August 1972. Gerade hatte das MS "Karl Marx" angelegt und die Ausflügler strömten Richtung Stadt und Festung.

Der PD "Kurort Rathen" verlässt hier die Anlegestelle Königstein, davor das Fährschiff Pfaffenstein, welches die Stadt mit dem rechtselbigen Ortsteil Halbestadt verbindet.

Hier ein Blick aus der Vogelperspektive auf Königstein mit dem 1,3 km langen Eisenbahnviadukt, welcher hier das Tal der Biela überspannt. Auf der rechten Elbseite befindet sich die Ortschaft Halbestadt mit einem kleinen Hafen und dem Fähranleger.

Die größte Sehenswürdigkeit von Königstein ist die gleichnamige Festung, welche sich hoch über dem Elbtal erhebt. Markant im Ortsbild der etwa 2.400 Einwohner zählenden Stadt ist auch die evangelische Stadtkirche.

Die Festung Königstein beherrscht auch das Bild des Elbtales, welches hier eine gewaltige Schleife bildet. Links im Bild ist nochmals der markante Eisenbahnviadukt erkennbar, der Personendampfer "Pirna" verlässt den geschichtsträchtigen Ort Richtung Bad Schandau.

Bad Schandau - Staatlich anerkannter Kneippkurort

Gleich mehrere Fährschiffe trafen sich im Oktober 2001 am Anleger in Bad Schandau. Auch der historische Fährdampfer "Wehlen-Bastei" wartete auf neue Einsätze.

Zur Verbesserung der Verkehrssituation entstand 1977 eine neue Straßenbrücke oberhalb der historischen Carolabrücke (Hintergrund). Hier die Brückenbaustelle in Bad Schandau im Juli 1975.

Von den Spuren der Jahrhundertflut des August 2002 war im Sommer 2005 in Bad Schandau fast nichts mehr erkennbar. An dem Motorschiff "Clara Schumann" zog gerade die Bahnhofsfähre vorbei. Im Jahre 2010 war dann auch das Hotel Elbresidenz neu entstanden.

Der Sendigbrunnen auf dem Markt wurde um 1942-45 zerstört. Rudolf Sendig gilt als Förderer des Kurbetriebes und des öffentlichen Lebens. Im Sommer 2010 war die bronzene Brunnenschale schon wieder hergestellt.

Ein Blick in die Bad Schandauer Rosengasse. Mittels der Hochwassermarke am Fachwerkhaus lässt sich der Wasserstand während der Jahrhundertflut im August 2002 nachvollziehen.

Als Verbindung zum Ortsteil Ostrauer Scheibe gibt es seit 1904 einen Personenaufzug. Er überwindet einen Höhenunterschied von fast 50 Metern.

Dieses im Jahre 1993 schön sanierte Fachwerkhaus in der Bad Schandauer Zaukenstraße zeigt die Zunftzeichen des Maler-, Maurer-, Tischler- und Schlosserhandwerkes.

Blick vom Kohlbornstein auf den Ortsteil Krippen, welcher sich im Tal des Krippenbaches erstreckt. Der Krippener Friedrich Gottlieb Keller ist durch die Erfindung des Holzschliffes bekannt. Eine Gedenktafel befindet sich an seinem früheren Wohnhaus Nr. 76.

Eine Besonderheit der kleinen Ortschaft Krippen ist der SonnenUhrenWeg, welcher 20 individuell gestaltete Zeitmesser erschließt. Hierbei bediente man sich der verschiedensten Konstruktionsmöglichkeiten, Ideen und Materialien.

Von den "Siebenbrüderhäusern" im Ortsteil Postelwitz erzählt die Sage, dass ein Schiffer für seine Söhne jeweils ein Haus errichtet haben soll. Sein eigenes Gebäude wurde aber größer gebaut.

Die historische Gierfähre wurde vom Schifferverein Postelwitz im Jahre 2005 als technisches Denkmal am Elbufer aufgestellt. Heute gibt es eine Verbindung nach Krippen mittels Fährschiff.

Gesäumt ist das rechte Elbufer zwischen Postelwitz und Schmilka von den Schrammsteinen. Einst waren die hier betriebenen Sandsteinbrüche die wichtigsten im Elbsandsteingebirge. Bekannte Dresdener Gebäude wurden mit diesem Material errichtet.

Die erste sächsische Ortschaft am rechten Ufer der Elbe ist Schmilka. Als Ausgangsort für Wanderungen in die Schrammsteine oder in die Böhmische Schweiz ist der Ortsteil besonders beliebt. Die Motorfähre "Lena" verkehrt zwischen Schöna Hirschmühle und Schmilka.

Das Ortsbild von Schmilka wird beherrscht durch kleine Fachwerkhäuser. Einst siedelten hier Schiffer, Handwerker und Waldarbeiter, 1582 erwähnte man das Dorf erstmals urkundlich.

Als das älteste Gebäude von Schmilka gilt die Schmilksche Mühle am Ilmenbach. Am Mühlentag 2007 wurden das neue Wasserrad sowie der Mahlgang nach über 150 Jahren wieder eingeweiht.

Reinhardtsdorf-Schöna - direkt am Malerweg

Reinhardtsdorf-Schöna ist die erste linkselbige Gemeinde in Sachsen, welche hauptsächlich aus Dreiseitenhöfen und kleinen Anwesen besteht. Neben der landwirtschaftlichen Prägung liegt heute der Schwerpunkt beim Fremdenverkehr. Im Ortsteil Schöna befindet sich in einem Umgebindehaus eine sehenswerte Heimatstube, welche einen Einblick in das frühere Leben der Einwohner gewährt.

Die Ortschaft Schöna erstreckt sich von der Hochfläche bis in das Elbtal. Mit über 40jähriger Unterbrechung zur DDR-Zeit gibt es seit 1847 eine Fährverbindung zwischen Schöna und Hrensko (Herrnskretschen), heute bedient durch das Fährschiff "Kaiserkrone".

Hinterhermsdorf - mit der Oberen Schleuse

Am östlichen Rand der Sächsischen Schweiz liegt unmittelbar an der Grenze zu Tschechien die Ortschaft Hinterhermsdorf (Ortsteil von Sebnitz). Über dem Dorf erhebt sich der 478 m hohe Weifberg mit Aussichtsturm, eine Sehenswürdigkeit ist auch die Engelkirche. Ihren Namen erhielt sie durch einen barocken Taufengel. Im Jahr 2000 wurde Hinterhermsdorf zum "Schönsten Dorf Sachsens" gekürt.

Seit dem 02.11.2000 gibt es auf dem Weifberg einen hölzernen Aussichtsturm mit etwa 35 m Höhe. Bereits Ende des 19. Jahrhunderts wollte der Gebirgsverein Hinterhermsdorf hier einen Turm errichten lassen, damals kamen aber die finanziellen Mittel nicht zusammen. Der Name "Weifen" geht auf die Leineweberei zurück und bedeutet so viel wie durchs Wasser ziehen und in der Sonne trocknen lassen.

Nahe Hinterhermsdorf bildet die Kirnitzsch den Grenzfluss zu Tschechien. Da man hier seit dem 16. Jahrhundert Holz flößte, entstand diese Stauanlage. Im Jahr 1879 begann man damit, die Obere Schleuse für Kahnfahrten zu nutzen (kleines Bild August 1973).

Die Schutzhütte an der Bootsstation entstand 1881 durch den Gebirgsverein.
Zum Verkauf gelangen hier auch heute noch Speisen und Getränke für die Gäste.
2009 nutzten immerhin 55.000 Touristen die Bootsfahrt auf der Oberen Schleuse.

Die hölzerne Stauanlage aus dem Jahr 1567 ersetzte man 1816/17 durch ein steinernes Wehr. Die heutige Stauanlage entstand 1931.

Hohnstein - Burgstadt am Fels

Die Kleinstadt Hohnstein liegt rechtselbig auf einer Hochfläche über dem Polenztal. Das Wahrzeichen des Ortes ist die gleichnamige Burg, welche als böhmische Grenzfeste um 1200 errichtet wurde. Im Jahre 1925 wurde die Burg eine Jugendherberge. Ihre schwärzeste Geschichte begann in den Jahren 1933/34, als man sie zum Konzentrationslager für politische Gefangene herrichtete und im 2. Weltkrieg als Kriegsgefangenenlager nutzte. Ab 1949 erfüllte sie wieder ihre Funktion als Jugendburg, heute ist hier neben einem Museum das Naturfreunde- und Jugendgästehaus untergebracht.

Einen besonders schönen Blick auf Hohnstein hat man vom Hockstein, der sich auf der gegenüberliegenden Seite des Polenztales erhebt. Neben der Burg dominiert die in den Jahren 1724-28 nach Plänen von George Bähr errichtete Stadtkirche.

Der Hohnsteiner Markt mit Burgeingang im August 1973. Auch damals war der Ort als Ausgangspunkt für Wanderungen beliebt.

Heute bietet sich rund um den mittelalterlichen Markt der Kleinstadt ein farbenfrohes Bild, da die meisten Gebäude in der jüngsten Vergangenheit restauriert wurden. Da der Markt der Burg vorgelagert ist, weist er eine starke Steigung auf.

Das älteste Gebäude ist das Rathaus, welches im Jahre 1688 errichtet wurde. Als Sitz der Stadtverwaltung dient es aber erst seit 1917, ab 1835 wurde es als Brauerei und Korkfabrik genutzt. In den Jahren 1990/91 erfolgte eine gründliche Sanierung.

Zu den schönsten Barockkirchen Sachsens darf man getrost die Stadtkirche Hohnstein zählen. Da die alte Kirche 1724 abbrannte, wurde das Gotteshaus in den Jahren 1725-28 neu errichtet.

Ein Blick in das romantische Polenztal, welches zu den schönsten Tälern der Sächsischen Schweiz zählt, im Sommer 1976. Damals dienten die Gebäude als Betriebsferienheim.

Der gleiche Talblick in der Gegenwart. Seit der Wende ist die Pension & Gasthaus Polenztal der Öffentlichkeit zugänglich. Das Gaststättengebäude wurde inzwischen erweitert.

Auch als "Balkon der Sächsischen Schweiz" wird die Brandaussicht bei Hohnstein bezeichnet. Dieses Felsplateau liegt 177 m über dem Polenztal, der Name leitet sich von früheren Waldbränden ab. Der historische Gasthof entstand 1893 als Nachfolger eines Blockhauses.

Lohmen - mit der Bastei

Rechtselbig hinter Pirna liegt Lohmen, hier betrieb man bereits um 1200 Steinbrüche. Oberhalb der Wesenitz befindet sich das Schloss, welches heute Sitz der Gemeindeverwaltung ist.

Lohmen besitzt eine der größten Dorfkirchen in Sachsen. Errichtet wurde sie 1789 aus heimischem Sandstein. Für den Bau war ein Lehrling des bekannten Baumeisters George Bähr verantwortlich.

Zwischen der Mündung der Wesenitz in die Elbe bei Pirna und Lohmen bildet der Fluss den Liebethaler Grund. Dieser romantische Grund wird auch als das "Eingangstor zur Sächsischen Schweiz" bezeichnet. Die Natur im Tal hat mehrere Künstler inspiriert.

Seit dem Jahre 1933 steht unweit der ehemaligen Lochmühle das weltweit größte Richard-Wagner-Denkmal (Höhe 4 Meter).

Die weltbekannte Bastei befindet sich zwar zwischen Stadt Wehlen und dem Kurort Rathen, gehört aber gebietsmäßig zu Lohmen. Von hier aus bietet sich eine weite Aussicht ins Elbtal, die Aussichtsplattform befindet sich auf einem schmalen Felsriff 194 m über dem Fluss.

Der Blick von der Bastei, welche zu den meist besuchten Zielen der Sächsischen Schweiz gehört, mit Sonnenuntergang. Bereits Goethe rühmte 1819 die einmalige Aussicht.

Dieser Felsen verhalf dem Aussichtspunkt zu seinem Bekanntheitsgrad. Ein Lohmener Fleischermeister begann Pfingsten 1812 mit der gastronomischen Versorgung der Basteibesucher.

Neben der stark frequentierten Aussichtsplattform bietet auch die Umgebung der Bastei Ausblicke in den Wehlgrund mit der Felsformation "Kleine Gans". Oberhalb entstand eine Gaststätte, welche in den Jahren 1975-79 durch einen Neubau ersetzt wurde.

Über die steinerne Basteibrücke erreicht man die Felsenburg Neurathen und den Abstieg ins Elbtal. An dieser viel begangenen Verbindung finden sich mehrere Gedenktafeln, so auch für die Erwähnung der Bastei in der Reiseliteratur (1797) und für den Hoffotografen Krone.

Stolpen - Burgstadt mit Geist

Am Rande der eigentlichen Sächsischen Schweiz liegt rechtselbig die Kleinstadt Stolpen, welche vor allem durch die Ruine der Burganlage bekannt ist. Im Wappen ist ein Bischof dargestellt, der auf die einstige Herrschaft der meißnischen Bischöfe hinweist.

Der historische Markt verbreitet ein besonderes Flair. Er hat als Kulturdenkmal besondere Bedeutung. In den historischen Gebäuden gibt es imposante Basaltgewölbekeller.

Das Gebäude des Gasthauses "Zur alten Post" entstand 1795, wie ein Schlussstein an der Tür zeigt. In den Jahren 1865-1883 nutzte man zwei Räume als Königlich-Sächsische Postexpedition.

Die Ruine der Burg Stolpen betritt man über die Vorburg und gelangt, vorbei am Schösserturm, in die Hauptburg. Stolpen war einst eine wehrhafte Festung, im 18. Jahrhundert begann der Verfall.

Die bekannteste Insassin von Stolpen war die Gräfin Constantina von Cosel, eine Mätresse August des Starken. Von 1716 - 1767 verbrachte sie in diesem Turm, der Coselturm genannt wird.

Die restaurierte Stadtkirche Stolpen weihte man 1898, damals ein Freudentag für die Kirchgemeinde. Das Gotteshaus aus dem 15. Jahrhundert wurde aus Stolpener Basalt im gotischen Stil erbaut.

Zu den größten vulkanischen Gesteinsvorkommen Sachsens gehört der Stolpener Basalt, welcher hier in Säulenform zu tage tritt. Dieser diente für die Bebauung als Fundament und Mauerwerk.

Steine und Berge in der Sächsischen Schweiz

Rauenstein - Tafelberg 304 m

Gamrig - Aussicht in 253 m

Lilienstein - Tafelberg 415 m

Königstein - Tafelberg 360 m

Pfaffenstein - Tafelberg 428 m

Gohrisch - Tafelberg 448 m

Papststein - Tafelberg 452 m

Großer und Kleiner Zschirnstein - Tafelberge 561/473 m

Neuer Wildenstein - mit Kuhstall (336 m)

Schrammsteine - Felsgruppe (Hoher Torstein 425,7 m)

Affensteine - Felsgruppe (Carolafelsen 458 m)

Großer Winterberg - 556 m (Basaltkuppe auf Sandstein)

Zirkelstein - Tafelberg 384,5 m

Kaiserkrone - Tafelberg 350,8 m

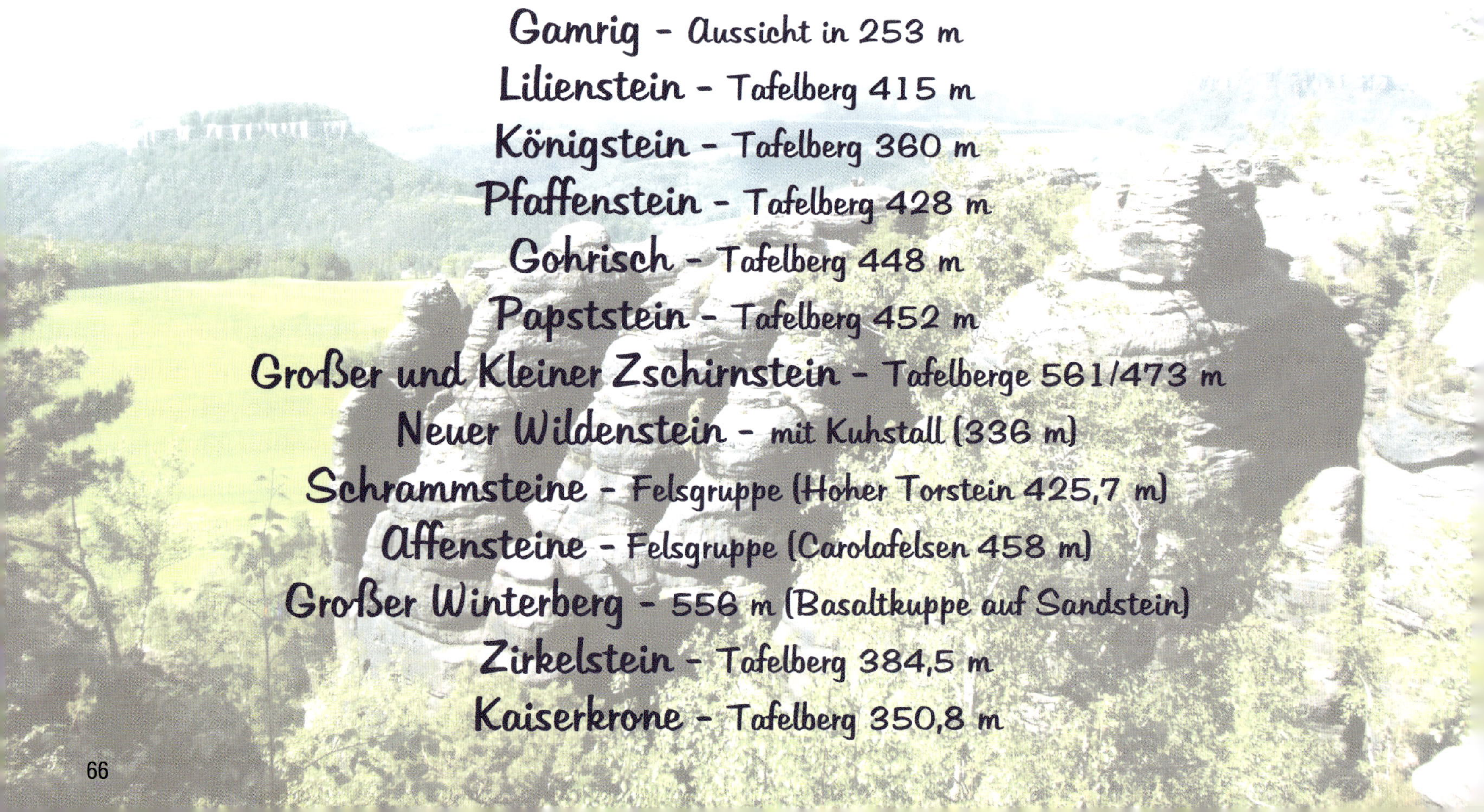

Pfaffenstein.
Sächs. Schweiz.
Barbarine.
Abstieg.

Himmelsleiter
Kuhstall (Sächs. Schweiz)

Sächs. Schweiz. Auf dem Lilienstein.

Sächs. Schweiz
Falkenstein
Schrammsteingebiet
Schrammsteinbaude

KUHSTALL — Sächs. Schweiz

Rauenstein - Tafelberg 304 m

Linkselbig, unweit vom Kurort Rathen erhebt sich der Rauenstein. Er weist eine Länge von etwa 600 m und eine Breite von 200 m auf. Er ist völlig bewaldet, da der Sandstein hier sehr weich ist.

Über den Rauenstein führt ein Gipfelweg, welcher bei Wanderern sehr beliebt ist. Im Mittelalter befand sich auf dem Fels eine Burgwarte. Im Jahr 1885 begann die touristische Erschließung.

Interessant sind die Ausblicke über das Elbtal, vor allem hinüber zur bekannten Bastei. Zur Nordseite hin fällt der Rauenstein stark in das Tal ab. Seit dem Jahr 1893 befindet sich auf dem südöstlichen Teil des Felses (Richtung Weißig) eine rustikale Bergbaude.

Gamrig - Aussicht in 253 m

Oberhalb von Kurort Rathen befindet sich rechtselbig der Gamrig, welcher den Rest eines einstigen Tafelberges darstellt. Da der Sandstein hier besonders weich ist, wurde die Platte im Laufe der Zeit immer mehr abgetragen und zeigt starke Zerklüftungen.

Über etliche Holztreppen erreicht man den Gipfel, entschädigt wird man mit einer interessanten Aussicht (hier Richtung Waltersdorf). Die Gamrig-Höhle findet man an der Südseite des Felsmassives. Ende des 19. Jahrhunderts baute man hier Sand für Scheuerzwecke ab.

Lilienstein - Tafelberg 415 m

Der markanteste Tafelberg der Sächsischen Schweiz ist der Lilienstein, welcher rechtselbig, unweit von Königstein, zu finden ist. In der Vergangenheit hatte der Fels auch strategische Bedeutung, denn 1813 ließ Napoleon hier Befestigungen bauen. Die Errichtung des 16 m hohen Wettin-Obelisks erfolgte 1889. Der Lilienstein ist heute zum Symbol für die Nationalparkregion Sächsische Schweiz geworden.

Vom westlichen Aussichtspunkt eröffnet sich einer der schönsten Blicke in das Elbtal bei Kurort Rathen. Bereits 1708 ließ August der Starke an der Südseite einen Stufenweg zum Gipfel anlegen. Im Jahr 1900 richtete man noch einen Nordaufstieg ein.

Beim Ausblick Richtung Ost kann man den Lauf der Elbe zwischen Bad Schandau und Königstein verfolgen. In Bildmitte ganz oben sind die Schrammsteine auszumachen, dahinter der Große Winterberg und rechts daneben im Dunst der Rosenberg, bereits in Tschechien.

Der Obelisk erinnert an die Erstbesteigung durch August des Starken 1708. Seit 2008 steht hier eine neue Säule.

Blick vom Lilienstein auf Königstein mit dem Güterbahnhof im Sommer 1972. Auffällig sind die Campingaktivitäten am linken Ufer der Elbe.

Königstein - Tafelberg 360 m

Eine Besonderheit unter den Tafelbergen stellt der Königstein dar, auf ihm befindet sich die gleichnamige Festung. Das Vorgängerbauwerk, eine mittelalterliche Burg, wurde bereits 1233 erstmalig urkundlich erwähnt. Der Ausbau zur Festungsanlage erfolgte in den Jahren 1589 und 1591/97, seit 1955 ist die Anlage Freilichtmuseum. Hier ein Blick von Pfaffendorf zum markanten Königstein.

Auf dem fast 9,5 Hektar umfassenden Felsplateau errichtete man über 50 Gebäude, welche zum Teil vor über 400 Jahren entstanden sind. Immerhin 1.700 m lang ist der Rundgang, welcher von 42 m hohen Mauern bzw. Sandsteinwänden getragen wird.

Direkt an der Festungsmauer befindet sich die Friedrichsburg, ein einstiges Lustschlösschen (oben Zustand 1970er Jahre).

Von der Militärtechnik vergangener Zeiten künden die zahlreichen Kanonen auf der Festungsplattform (oben Zustand 1970er Jahre).

Kaum verändert hat sich im Laufe der Zeit das Medusentor aus den Jahren 1726 -1739 mit der Zugbrücke (links Zustand 1970er Jahre). Darüber prangt ein Medusenhaupt (griechische Mythengestalt) sowie das königlich-polnische und das kurfürstlich-sächsische Wappen.

Ein besonders schöner Blick ergibt sich von der Festung Königstein auf das Elbtal mit dem Lilienstein. Der Ortsname entstand durch die frühere Burg, von welcher aus die böhmischen Könige das Tal ab Pirna kontrollieren ließen.

Zur Schaffung einer unabhängigen Wasserversorgung wurde von 1563 bis 1569 der 152 m tiefe Brunnen geteuft. Während man das Wasser anfangs per Tretrad zu Tage schaffte, übernahm diese Aufgabe 1871 eine Wanddampfmaschine. Eine umfassende Modernisierung erfolgte 1912, als ein elektrischer Antrieb Einzug hielt. Bis 1967 war die Anlage zur Trinkwasserversorgung noch in Betrieb.

Das Alte Zeughaus (oben links) entstand 1594 zur Aufbewahrung von Waffen. Setzt man den Rundgang fort, gelangt man zur Johann-Georgenburg (unten links), früher als Staatsgefängnis genutzt. Die Magdalenenburg (rechts unten) diente als Proviantmagazin.

Die Garnisonskirche war ursprünglich eine romanische Burgkapelle. Im Jahr 2000 wurde sie umfassend saniert.

Der so genannte Hungerturm befindet sich direkt über dem Elbtal. Er stammt noch aus der Zeit der alten Burganlage.

An mehreren Stellen des Wallganges baute man Beobachtungstürme. Die boten Schutz bei eventuellen Angriffen.

Pfaffenstein - Tafelberg 428 m

In der Nähe von Königstein liegt linkselbig der stark zerklüftete Pfaffenstein. Wie bei den anderen Tafelbergen auch, begann die touristische Erschließung Ende des 19. Jahrhunderts. Das Gipfelplateau umfasst eine Fläche von etwa 12 Hektar, an der Südspitze befindet sich das bekannte Felsmassiv "Barbarine". Gegenüber seinem Umland erhebt sich der Pfaffenstein etwa 100 m.

Das Plateau des Pfaffensteins erreicht der Wanderer über drei Aufstiege. Von Norden her seit 1897 über das "Nadelöhr", wobei es etwa 600 Stufen zu überwinden gilt. Der älteste Auf- und Abstieg ist der "Bequeme Weg", welcher an der Westseite am Jäckelfels vorbei führt. Der jüngste Weg nach oben ist der 1913 erschlossene "Klammweg", welcher an der linken Seite des Jäckelfels an Höhe gewinnt.

Der Pfaffenstein bietet mehrere Ausblicke auf die umliegenden Tafelberge, hier Richtung Nordwest. Links ist der Königstein mit seiner Festungsmauer zu sehen, etwa in Bildmitte das Basteigebiet und ganz rechts der markante Lilienstein.

Als Wahrzeichen der Sächsischen Schweiz gilt die etwa 43 m hohe Felsnadel "Barbarine", heute jedoch für Kletterer gesperrt.

Vom oberen Teil des Nadelöhraufstieges eröffnet sich ein schöner Blick auf Pfaffendorf, dahinter der Lilienstein.

Als einziger Tafelberg der Sächsischen Schweiz besitzt der Pfaffenstein einen Aussichtsturm. Nachdem der hölzerne Vorgänger aus dem Jahr 1894 baufällig geworden war, entstand 1904 ein Neubau aus Sandstein. Das benötigte Material brach man in unmittelbarer Nähe.

Bereits 1852 gab es auf dem Pfaffenstein eine kleine Rindenhütte zur Bewirtung der Besucher. Im Jahre 1891 entstand an ihrem Standort ein massiver Berggasthof. Die Erweiterung auf die heutige Größe erfolgte in den Jahren 1897 bis 1904. Damit das mühsame Herauftragen von Speisen und Getränken entfallen konnte, ging 1912 ein Lastenaufzug in Betrieb. Das linke Bild zeigt den Biergarten im Sommer 1974.

Gohrisch - Tafelberg 448 m

Linksseitig der Elbe, unweit der gleichnamigen Gemeinde, befindet sich der Gohrisch. Auf dem höchsten Punkt des Berges steht seit dem Jahr 1967 eine Wetterfahne.

Bereits 1888 gab es auf dem Gohrisch eine Schutzhütte, welche in den 1950er Jahren immer mehr verfiel. Erst 1998 entstand eine neue 6-eckige Schutzhütte durch den Gohrischer Gebirgsverein.

Ein Blick vom Gohrisch in Richtung Lilienstein. Erst 1886 erschloss man den Tafelberg für Touristen, wofür man die drei, heute noch vorhandenen, Aufstiege anlegte. Zwei Felsengassen mussten dafür erweitert und begehbar gemacht werden.

Papststein - Tafelberg 452 m

In unmittelbarer Nachbarschaft zum Gohrisch befindet sich der Papststein, zu dessen Füßen die Ortschaft Papstdorf liegt. Durch Verwitterung des Sandsteins gab es hier 1972 einen Bergsturz.

Zur touristischen Erschließung entstand 1862 ein Berggasthaus, vom einstigen Aussichtsgerüst ist nur das Fundament sichtbar. Auf dem Berg befindet sich heute nur noch ein Feuerwachturm.

Da man vom Papststein etliche markante Berge der Sächsisch-Böhmischen Schweiz erblicken kann, wurde er schon recht frühzeitig für Wanderer erschlossen. Bereits um 1830 kamen die ersten Besucher auf seinen Gipfel.

Großer und Kleiner Zschirnstein - Tafelberge 561/473 m

Der höchste Berg im sächsischen Teil des Elbsandsteingebirges ist der Große Zschirnstein. Weit reicht von hier der Blick auf die Erhebungen der Böhmischen Schweiz.

Da der Berg früher ein Triangulierungspunkt war, befindet sich auf seinem Gipfel die so genannte Nagelsche Säule. Sie erinnert an August Nagel, den Leiter der sächsischen Vermessung im 18. Jh.

Etwas nördlich vom "großen Bruder" liegt der Kleine Zschirnstein, von welchem aus sich ein weiter Blick ins Land ergibt. Zu seinen Füßen liegt Kleingießhübel, ein Ortsteil der Gemeinde Reinhardtsdorf-Schöna.

Neuer Wildenstein - mit Kuhstall (336 m)

Der Neue Wildenstein befindet sich rechtselbig im Tal der Kirnitzsch. Auf seinem Plateau stand im Mittelalter eine Burganlage, von welcher heute noch Balkenlager und Mauerreste zu finden sind. Da die Besitzer, das Adelsgeschlecht der Berka, auch Raubzüge ins meißnisch-sächsische Land gestatteten, belagerte man die Burg. 1442 erfolgte schließlich die Schleifung durch den Sechsstädtebund.

Nach dem Verschwinden der Burg diente die Kuhstallhöhle in kriegerischen Zeiten der Landbevölkerung als Zufluchtsort. Da hier wahrscheinlich auch Vieh vor Plünderungen in Sicherheit gebracht wurde, entstand der Name für die große Durchbruchshöhle. Nach dem Prebischtor ist der Kuhstall das zweitgrößte Felsentor des Elbsandsteingebirges und wurde zur Zeit der Romantik erschlossen.

Ein weiterer interessanter Aussichtspunkt befindet sich auch hinter der "Krummen Karoline". Von hier aus bietet sich ein Blick zum Alten Wildenstein und auf die Affensteine. Auf dem Neuen Wildenstein befindet sich auch ein Gasthaus, welches 1824 errichtet wurde.

Auch vom Gipfelplateau der einstigen Burganlage, direkt über der Kuhstallhöhle, kann man weit in das Umland schauen. Es befindet sich auf einer Höhe von 331,1 Meter.

Das Plateau erreicht man über eine Steiganlage mit 108 Stufen, die Himmelsleiter.

Schrammsteine - Felsgruppe (Hoher Torstein 425,7 m)

Die langgestreckteste Felsgruppe in der Sächsischen Schweiz bilden die Schrammsteine, östlich von Bad Schandau. Besonders Wanderer und Bergsteiger schätzen die Vielfalt der hier vorhandenen Wanderwege bzw. Kletterfelsen.

Ein Blick von der Fluchtwand in den Hinteren Schrammsteinen zum Püschnerturm und zum Schwarzen Horn. Diese Aussicht wird von Wanderern besonders gern besucht, da sie sich unmittelbar am vielbegangenen Reitsteig befindet.

Die starke Zerklüftung der Schrammsteine zeigt sich mehrfach, hier auch bei einem Blick in das Elbtal. In Bildmitte ist der Ruzovský vrch/ Rosenberg (619 m) erkennbar, ganz links der Große Winterberg (556 m).

Von Bad Schandau aus erreicht man das Schrammsteingebiet durch das Schrammtor, ein natürlicher Felsdurchbruch.

Ein bekannter Aufstieg ist die Heilige Stiege bei Schmilka. Über Stufen und Leitern führt sie vom Heringsgrund hinauf zum Schrammsteinweg und Zurückesteig.

Die bedeutendsten Erhebungen der Schrammsteine sind der Mittlere und der Hohe Torstein sowie der freistehende Falkenstein. Blick von der Schrammsteinaussicht.

In einer Höhe von 417 m befindet sich die Schrammsteinaussicht, welche nur über Stiegen zu erreichen ist.

Ein spektakulären Ausblick auf das Elbtal bis Königstein bietet sich von der Kleinen Bastei in den Hinteren Schrammsteinen.
Ein gesicherter Felsvorsprung lädt hier zum Schauen und Verweilen ein.

Affensteine - Felsgruppe (Carolafelsen 458 m)

Nordöstlich der Schrammsteine befindet sich die Felsgruppierung der Affensteine. Der Legende nach soll der Name von einem zahmen Affen her stammen, den ein junger Adliger besaß. Dieser war im Vorderen Raubschloss gefangen, sein Diener ließ den Affen mit einem Seil den Fels herab und die Flucht nach Böhmen gelang. Eine andere Variante geht auf das altdeutsche Wort "Auf" für Uhu zurück.

Ein beliebter Klettergipfel ist der Frienstein, welcher auch als Vorderes Raubschloss bezeichnet wird. Im 15. Jahrhundert befand sich hier eine Burgwarte mit Signalstation. Einen Aufstieg gibt es nicht, der Felsvorsprung kann nur über ein schmales Felsband erreicht werden.

Der Frienstein ragt etwa 130 m über das umliegende Gelände heraus, er ist auch ein beliebter Kletterfels. Sein Plateau (324 m) kann nur von Bergsteigern erklommen werden. Hinter dem Felsvorsprung befindet sich die Idagrotte, im Mittelalter als Wohnraum genutzt.

Der bekannteste Aussichtspunkt im Gebiet der Affensteine ist der Carolafelsen und mit 458 m zugleich die höchste Stelle.

Zu den mächtigsten Felssäulen im Elbsandsteingebirge zählt der Bloßstock. Auf Grund der Höhe von 90 Metern wird er häufig von Bergsteigern besucht, was zu verstärkter Erosion führte.

Großer Winterberg - 556 m (Basaltkuppe auf Sandstein)

Schon 1819 gab es auf dem Großen Winterberg ein Unterkunftshaus, Das heutige Gebäude im Schweizerhausstil errichtete man 1840 - 1846 auf dem Nordgipfel des Berges.

Zum denkmalgeschützten Berggasthaus gehört auch ein Aussichtsturm. Dieser war 35 Jahre wegen Baufälligkeit gesperrt, seit 2008 ist er wieder für Besucher und Wanderer zugänglich.

Die schönste Aussicht auf das obere Elbtal bietet sich vom Kipphorn (480 m), welches sich auf halber Höhe an der Winterbergstraße befindet. Wegen der hohen Waldbestände hat man auf dem Großen Winterberg nur wenige Aussichtsmöglichkeiten (Aussichtsturm).

Zirkelstein - Tafelberg 384,5 m

Der kleinste Tafelberg der Sächsischen Schweiz ist der Zirkelstein bei Schöna, welcher etwa 40 m über das Umland emporragt. Aus der Ferne betrachtet soll diese Erhebung wie ein Zirkel wirken. Früher gab es auf dem Gipfel eine Bergwirtschaft, welche 1926 abbrannte.

Der Blick vom Zirkelstein schweift über die Gemeinde Reinhardtsdorf-Schöna hinweg ins Umland. Hier der Blick Richtung Kaiserkrone und Schrammsteine. Bei klarer Sicht sind auch die Erhebungen des Lausitzer Berglandes erkennbar.

Kaiserkrone – Tafelberg 350,8 m

Als Rest eines Tafelberges zeigt sich die Kaiserkrone unmittelbar neben dem Zirkelstein. Durch Verwitterung entstanden drei einzelne Felsen, sozusagen die Zacken einer Krone. Von den Sandsteinfelsen ließ sich auch der Maler Caspar David Friedrich inspirieren.

Besteigt man den Gipfel der Kaiserkrone werden die drei Zacken besonders gut sichtbar. Bis zur Krone gelangt man über Holztreppen und Stiegen. Besonders schön ist die Aussicht Richtung Elbtal mit den Schrammsteinen.

Täler und Schlüchte in der Sächsischen Schweiz

Teufelsgrund / Teufelsschlüchte - Rundweg

Uttewalder Grund - altberühmte Schlucht

Amselgrund - Tal des Grünbaches

Bielatal - Wander- und Kletterparadies

Polenztal - reiches Wildvorkommen an Märzenbechern

Kirnitzschtal - wildromantisches Kleinod

Durch die Wolfsschlucht nach dem Hockstein

Sächs. Schweiz. Amselfall.

Waltersdorfer Mühle mit Brand

Grund – Teufelskammer

Lichtenhainer Wasserfall
Sächs. Schweiz

Teufelsgrund / Teufelsschlüchte - Rundweg

Ein besonderes Highlight ist die Teufelskammer im malerischen Teufelsgrund.

Den Zugang zu den Teufelsschlüchten bildet ein sehr enges Felsentunnel.

Wildromantisch zeigt sich der Weg mit vielen Durchgängen, welche durch herabgestürzte Felsbrocken gebildet wurden.

Für Romantiker gibt es im Teufelsgrund, mit der abzweigenden Teufelsschlucht, immer wieder neue Eindrücke zu gewinnen. Der Weg führt über Holztreppen und durch enge Felstunnel. Abenteuerlich ist auch die Heringshöhle, welche 1899 zugänglich gemacht wurde.

Uttewalder Grund - altberühmte Schlucht

Bekannt ist der Uttewalder Grund bei Stadt Wehlen durch sein Felsentor. Mehrere Felsen haben sich hier so zusammengefügt, dass die Form eines Tores entstanden ist.

Das Gasthaus "Waldidylle" mitten im Uttewalder Grund gibt es seit 1790. Im Laufe der Zeit wurde hier um- und angebaut, der historische Charakter blieb bis heute gewahrt.

Zu den schönsten Schluchten der Sächsischen Schweiz gehört der Uttewalder Grund zwischen Stadt Wehlen und der Ortschaft Uttewalde. Die Felsen sind hier üppig mit Farnen und Moosen bewachsen.

Amselgrund - Tal des Grünbaches

Der Amselgrund beginnt in Niederrathen und führt bachaufwärts bis nach Rathewalde. Begleitet wird das Tal von einer mächtigen Felskulisse, links die Gansfelsen und rechts der Talwächter.

Kurz hinter dem Kurort Rathen staute man 1934 den Grünbach in einer kleinen Talsperre, dem Amselsee. Der See ist etwa 550 m lang und wird hauptsächlich für die Forellenzucht genutzt.

Ein beliebter Wanderweg führt durch die Schwedenlöcher, über zahlreiche Stufen steigt man vom Amselgrund bis zur Bastei hoch. Da im Dreißigjährigen Krieg hier die Bauern ihr Hab und Gut vor den Schweden in Sicherheit brachten, entstand der Name des Klamms.

Der Amselsee im Sommer 1972 (links) und in heutigen Tagen (rechts). Hoch über dem See thront das Felsmassiv "Lokomotive", welches etwas die Umrisse einer Dampflok zeigt. Seit 1969 sind Kahnrundfahrten auf dem idyllisch gelegenen See möglich.

Hochbetrieb herrschte im Biergarten des Gasthauses "Amselfall" an einem Sommertag des Jahres 1972.

Neben dem Gasthaus befindet sich die Amselfallbaude, in welcher eine Infostelle des Nationalparks untergebracht ist.

Der Amselfall stürzt über eine etwa 10 m hohe Gesteinsstufe. Gegen einen kleinen Obolus wird der Fall vom Kiosk aus "gezogen".

Bielatal - Wander- und Kletterparadies

Als linker Nebenfluss der Elbe bildet die Biela zwischen Ostrov / Eiland (Tschechien) und Königstein ein Tal mit bizarr gestalteten Sandsteinfelsen. Von der Johanniswacht ergibt sich ein schöner Talblick, gegenüber liegt der Aussichtspunkt "Kaiser-Wilhelm-Feste".

Zur Hammerhütte Brausenstein an der Biela gehörte dieser Hochofen aus dem Jahr 1693. Im 18. Jahrhundert wurde das Werk geschlossen und alle anderen Anlagen verfielen.

Gern besucht von Bergsteigern werden die freistehenden Felssäulen im Bielatal. In Bildmitte der Schraubenkopf, rechts die Herkulessäulen und links der Schiefe Turm.

Oberhalb des Gasthofes "Ottomühle" befindet sich der Aussichtspunkt "Großvaterstuhl". (Schröterturm). Mit einer Höhe von etwa 40 m ragt er vom Talgrund herauf.

Auch von der Kanzelsteinaussicht erblickt man die interessanten Felsgebilde des Bielatales.

An der Grenze zu Tschechien ragt der Aussichtspunkt Grenzplatte aus einer steilen Felswand. In einer Höhe von 525 m hat man einen guten Überblick über die Felsgebilde im oberen Bielatal. Auf der anderen Seite der Biela liegt die böhmische Ortschaft Ostrov / Eiland.

Polenztal – reiches Wildvorkommen an Märzenbechern

Ein Quellfluss des rechtselbigen Lachsbaches ist die Polenz, welche an der deutsch-tschechischen Grenze bei Langenburkersdorf entspringt. Bei Hohnstein bildet die Polenz ein canyonartiges Tal mit fast senkrechten Felswänden. Dieser Teil des Polenztales wird von Wanderern und Ausflüglern besonders gern besucht.

Unterhalb des Burgfelsens von Hohnstein befindet sich die Absperrmauer zum ehemaligen Bärenzwinger. Der Bach bildet mit dem Schindergraben ein kleines Nebental.

Eine etwa 18 m hohe Felswand umrahmt die Gautschgrotte. Diese trägt ihren Namen nach dem Dresdner Rechtsanwalt Carl Friedrich Constantin Gautsch, welcher sich sehr um die Erschließung der Sächsischen Schweiz verdient gemacht hat.

Ein markantes Felsgebilde im Polenztal ist der freistehende Polenztalwächter unweit der Waltersdorfer Mühle. Es ist der bedeutendste Kletterfelsen in diesem Tal.

Über 508 Stufen erklimmt man durch die enge Wolfsschlucht den Hockstein.

Vom bekannten Aussichtspunkt Brand bei Hohnstein kann man auch einen Teil des Polenztals überblicken. Über eine Sandsteinbrücke erreicht man unweit der Walterdorfer Mühle den Eingang zum Schulzengrund, durch den ein Wanderweg hinauf führt.

Kirnitzschtal - wildromantisches Kleinod

Nur wenige Meter von der Kirnitzschmündung entfernt liegt der Kurpark in Bad Schandau. Die Anlage geht auf das Jahr 1973 zurück. Mit der Umgestaltung begann man 1994, als auch dieser Brunnen unter Verwendung von heimischen Gesteinen entstand.

Die Kirnitzsch, ein rechter Nebenfluss der Elbe, entspringt im Lausitzer Bergland auf tschechischem Gebiet. Auf den letzten Kilometern fährt die Kirnitzschtalbahn parallel zum Fluss. Hier der historische Triebwagen 5 im Stadtgebiet von Bad Schandau.

Alljährlich im Sommer laden die Gastwirte des Kirnitzschtales zu einem stimmungsvollen Fest ein. Ein Höhepunkt war im Jahr 2005 auch das Treffen historischer Feuerwehrfahrzeuge am Depot der Kirnitzschtalbahn. Hier ein G 5 bei der Geschicklichkeitsfahrt.

Das Kirnitzschtal ist auch ein Tal der Mühlen, eine der ältesten wurde bereit 1518 in Mittelndorf erwähnt. Im Jahre 1882 baute man das Anwesen zur Papierfabrik um, zuvor hatte sie über Jahrhunderte als Mahl- und Schneidemühle gedient. Seit 1965 werden die Gebäude als Gasthaus und Pension genutzt. Erst seit kurzer Zeit dreht sich hier wieder ein Wasserrad.

Bereits im 16. Jahrhundert arbeitete die Buschmühle bei Ottendorf als Schneidemühle. Heute ist sie ein beliebtes Ziel für Wanderer und Bergsteiger. Beim Hochwasser des Jahres 2010 wurden die Gebäude sowie die Brücke stark in Mitleidenschaft gezogen.

Die Buschmühle mit mittelschlächtigem Wasserrad im Juli 1973. Das Ende des regulären Mühlenbetriebes kam hier 1992.

Kurz vor seiner Mündung in die Kirnitzsch bildet der Lichtenhainer Dorfbach einen kleinen Wasserfall. Da man mit diesem Rinnsal aber keine Touristen locken konnte, wurde der Bach 1830 mittels eines aufziehbaren Wehres angestaut. Während anfangs der "Wasserfallzieher" noch einen kleinen Ausschank betrieb, entstand 1852 das Gasthaus mit hölzernem "Wasserfallhäuschen".

Der Lichtenhainer Wasserfall entwickelte sich immer mehr zu einem beliebten Ausflugsziel, da er 1898 mit der Kirnitzschtalbahn direkt an Bad Schandau angebunden wurde. Die Station bildet heute den Ausgangspunkt für einige viel begangene Wanderwege.

Einige Kilometer oberhalb des Lichtenhainer Wasserfalls befindet sich im hinteren Kerngebiet der Sächsischen Schweiz die Neumannmühle. Der Zugang zum Schrammsteingebiet durch den Großen Zschand erfolgt über die 1998 neu errichtete Sandsteinbrücke.

Seit dem Jahr 1791 ununterbrochen im Besitz der Familie Neumann befindet sich die gleichnamige Mühle. In der Sägemühle betrieb man ab dem Jahr 1870 auch die Holzschleiferei.

Seit 1996 ist die Anlage als Technisches Museum der Öffentlichkeit zugänglich. Hier ein Sägegatter mit Blockwagen, der Antrieb erfolgte über eine Riemenscheibe und hölzerne Zahnräder.

Auf der böhmischen Seite des Kirnitzschtales existierte bis in die 1950er Jahre die Ortschaft Hinterdittersbach (Zadni Jetrichovice). Nach dem 2. Weltkrieg wurden alle Bewohner vertrieben und die Gebäude abgerissen. Heute gibt es hier wieder eine Grenzbrücke.

Eine der ergiebigsten Quellen in der hinteren Sächsischen Schweiz ist die Marienquelle. Der Name entstammt der Marienverehrung in katholischer Zeit. Etwa 2 Liter Wasser pro Sekunde sprudeln hier heraus.

Im Schatten der Hinterhermsdorfer Oberen Schleuse (siehe Kapitel Orte) steht die Niedere Schleuse. Auch sie steht im Zusammenhang mit der früheren Flößerei auf der Kirnitzsch. Das kleine Wehr ist funktionsfähig, die Anlage dient nur noch dem Hochwasserschutz.

Böhmische Schweiz

Tyssaer Wände - geheimnisvolle Felsenstadt

Herrnskretschen (Hrensko)

Edmundsklamm - einzigartiger Canyon

Wilde Klamm - einsame Felsschlucht

Rainwiese (Mezni Louka) - beliebter Luftkurort

Prebischtor - größtes Sandsteintor Europas

Niedergrund (Dolni Zleb)

Tetschner Schneeberg - höchster Berg des Elbsandsteingebirges (722,8 m)

Tetschen-Bodenbach (Decin)

Vater.
Mutter.
Die 5 Kinder.
Schwiegermutter.

Böhm. Schweiz.
Edmundsklamm.
Wasserfall.

Wilde Klamm (Böhm. Schweiz)

Prebischthor von Westen.
Alois Bursch, Bodenbach.

Sächs.-Böhm. Schweiz — Herrnskretschen von Schöna

Tyssaer Wände - geheimnisvolle Felsenstadt

In der Nähe der Landschaftsgrenze zum Erzgebirge befinden sich im Westen der Böhmischen Schweiz, oberhalb der Gemeinde Tisà/Tyssa, die Tyssaer Wände. Die Sandsteinfelsen überragen ihre Umgebung um etwa 30 Meter, die Erschließung für den Bergsport begann hier im Jahr 1908. Durch die Felsenstadt mit ihren fantasievollen Namen führt ein Naturlehrpfad in Form einer Acht.

Durch die Türme und Wände der Felsenstadt führt der Naturlehrpfad.

Dieser Durchbruch im Felsentor erinnert an die Umrisse von Afrika.

Auch einige Sturzblöcke befinden sich in den Großen Tyssaer Steinen.

Herrnskretschen (Hrensko)

Die Gemeinde Hrensko / Herrnskretschen liegt an der Mündung der Kamenice / Kamnitz in die Elbe. Für Ausflüge in die böhmische Schweiz ist der Ort ein beliebter Ausgangspunkt. Einst bestimmten Steinbrüche und Flößerei das wirtschaftliche Bild, welches heute vollständig vom (Einkaufs-) Tourismus beherrscht wird.

Einst beherrschte hier ein mächtiges Herrenhaus das Ortsbild. Doch dem Neubau der Straße nach Decin / Tetschen stand es im Wege und wurde 1938 abgerissen.

Am Eingang des Kamnitzklammes mündet ein kleines Seitental. An dessen Abschluss liegt das "Restaurace Klepac", das frühere Hotel "Mühle zu Herrnskretschen", eröffnet 1878.

Edmundsklamm – einzigartiger Canyon

Unweit von Hrensko wird die Kamnitz in einer Felsenschlucht angestaut. Hier die beiden Wehre im Juli 1972.

Das Wehr des Edmundsklamms / Edmundova soutesk, heute mit einer Fischtreppe ausgerüstet. Zur Nutzung der Wasserkraft (zum Flößen) entstand diese Anlage, touristisch erschlossen wurde die Klamm 1889 durch ortsansässige Kaufleute.

Ein Erlebnis ist immer wieder eine Bootsfahrt auf der völlig ruhigen Wasseroberfläche des Klamms (links Sommer 1972). Auch hier hat die menschliche Fantasie vielen Felsgebilden einen Namen gegeben, so auch der "Klammfamilie", welche (von links nach rechts) aus Vater, Mutter, den 5 Kindern sowie der Schwiegermutter (oben in Bildmitte etwas verdeckt) besteht.

Als besondere Attraktion wird bei jeder Bootsfahrt der künstliche Wasserfall gezogen. Aus einer Höhe von etwa 80 Metern stürzt dann das angestaute Bächlein herunter.

Etwas oberhalb des Edmundsklamms gibt es eine kleine Raststätte, weiter führt der Wanderweg der Kamnitz entlang in Richtung Wilde Klamm.

Die obere Bootsstation des Edmundsklamms, der nach dessen früherem Besitzer, dem Fürst Edmund Clary, benannt wurde. Er setzte sich für die Aufnahme des touristischen Bootsbetriebes 1890 ein. Später nannte man diese Felsschlucht auch den "Stillen Klamm".

Wilde Klamm - einsame Felsschlucht

Direkt am Wehr der Wilde Klamm befindet sich der "Steinpilz", ein mächtiges Sandsteingebilde, hier im Juli 1972.

Etwa 250 m lang ist die Wilde Klamm / Divoká Souteska bei Stimmersdorf / Mezná, dessen touristische Erschließung 1898 folgte. Auch heute noch stakt der Fährmann das Boot mit einer Stange, so wie es hier schon immer üblich war.

Schon auf dem Bild kann man die Ruhe erahnen, welche die romantische und abgelegene Felsschlucht ausstrahlt.
Mitunter stehen die Sandsteinwände hier waagerecht und bilden eine Höhe von 50 - 150 Meter.

Rainwiese (Mezni Louka) - beliebter Luftkurort

Durch den visafreien Grenzverkehr zwischen der damaligen DDR und CSSR ab 1972 entwickelte sich auch das Hotel Mezní Louka zu einem beliebten Ausflugsziel. Erbaut wurde es im Jahr 1892.

Da sich hier mehrere Wanderwege kreuzen gilt Mezni Louka / Rainwiese auch als das heimliche Zentrum der Böhmischen Schweiz. Hier der Campingplatz in den frühen 1970er Jahren.

Vorbei an mächtigen Felswänden führt der Gabrielensteig hinauf Richtung Prebischtor.
Bis zur Wende war er als "Wanderweg der Deutsch-Tschechischen Freundschaft" bekannt.

Eine der bekanntesten Felsen im Prebischtorgebiet ist der kegelige "Zuckerhut".

Prebischtor - größtes Sandsteintor Europas

Das Pravcická brána / Prebischtor ist das Wahrzeichen der Böhmischen Schweiz. Wegen starker Erosion ist die Felsenbrücke seit 1982 für Besucher gesperrt, hier ein Bild vom Juli 1972.

Das Prebischtor, gesehen aus östlicher Richtung. Das Gelände befindet sich heute in privater Hand (Hotel) und kann nur während der Öffnungszeiten gegen ein Eintrittsgeld betreten werden.

Die größte Sandstein-Felsbrücke Europas hat eine Spannweite von 26,5 Meter bei einer lichten Höhe von 16 Meter. Bereits 1862 gab es hier ein Wirtshaus. Das heutige Hotel "Falkennest" (Sokolí hnízdo) ließ Fürst Edmund von Clary-Aldringen 1881 errichten.

Niedergrund (Dolni Zleb) - Ortsteil von Decin

Gegenüber von Niedergrund / Dolní Zleb befindet sich 130 m über dem Elbtal die Gaststätte Belvedér mit einem bekannten Aussichtspunkt. Angelegt worden ist sie im 18. Jahrhundert vom Fürst Franz-Karl Clary-Aldringen.

Bis vor einigen Jahren konnte man nur per Fähre mit dem Kraftfahrzeug nach Dolní Zleb gelangen. Heute ist dies auch über den Uferweg möglich.

Der Aussichtspunkt Belvedere wurde früher auch für Theateraufführungen genutzt, deshalb befindet sich in einer Felswand eine kleine Nische. Vom ältesten Aussichtspunkt der Böhmischen Schweiz bietet sich ein interessanter Blick in das tief eingeschnittene Elbtal.

Tetschner Schneeberg – höchster Berg des Elbsandsteingebirges (722,8 m)

Blick von der Grenzplatte im Bielatal zum Decínský Sneznník (Tetschner Schneeberg). Typisch ist die langgestreckte Form des Tafelberges. Der Berg liegt oberhalb des Dorfes Sneznik.

Den ganzen Berg umgeben wenig gegliederte Sandsteinwände. Nachdem 1865 am Fuße des Berges ein erstes Gasthaus öffnete, entwickelte sich der Tetschner Schneeberg zum Ausflugsziel.

Bereits im Jahr 1864 entstand der 33 m hohe steinerne Aussichtsturm, welcher ab 1866 als Station der Königlich-Sächsischen Triangulation diente. Nach jahrelangem Verfall konnte der Turm 1992 saniert werden. Etwas später entstand auch ein neues Berggasthaus.

Tetschen-Bodenbach (Decin)

Die frühere Schiffsanlegestelle Decin im Sommer 1972. Das Motorschiff "Praha" hat gerade abgelegt, um nach Hrensko zurückzufahren. Ganz rechts die Tyrs-Brücke über die Elbe.

Ein Blick in der Gegenwart zum rechten Elbufer, die meisten Plattenbauten sind noch vorhanden. Links am Bildrand liegt der Heckradschlepper "Beskydy", einer der letzten seiner Bauart.

Die Bodenbacher Schäferwand erhebt sich 100 Meter über dem Elbtal. Von hier aus bietet sich der beste Blick auf Decin. Rechts das Schloss, in welches nach dem "Prager Frühling" die Sowjetarmee eingezogen war. Nach dem Truppenabzug (1991) wurde es saniert.

Bahnen in der Sächsischen Schweiz

Elbtalbahn - Dresden - Bodenbach (Decin)

Der Sächsische-Schweiz-Ring - Pirna - Sebnitz - Bad Schandau

Schwarzbachbahn - Goßdorf-Kohlmühle - Hohnstein

Kirnitzschtalbahn - Bad Schandau - Lichtenhainer Wasserfall

Feldbahnmuseum Herrenleite - Historische Feldbahn Dresden

Carolabrücke u. Wendischfähre bei Schandau a. E.

Sächs. Schweiz, Grosser Wasserfall

Bahnhof Pötzscha — Wehlen, Sächs. Schweiz

Bahnhof Schandau und Wendischfähre

Elbtalbahn - Dresden - Bodenbach (Decin)

Wie hier in Königstein folgt die im April 1851 eröffnete zweigleisige Hauptstrecke linksseitig dem Lauf der Elbe. Am Nachmittag des 7. Juni 2010 begegneten sich am 470 m langen Königsteiner Viadukt eine S-Bahn (Linie S 1) und der Personendampfer "Kurort Rathen".

Durch imposante Sandsteinkulissen ergeben sich im oberen Abschnitt der Elbtalbahn immer wieder malerische Blickwinkel. Hier ein Güterzug auf der Fahrt zwischen Kurort Rathen und Königstein vor dem Massiv der bekannten "Bastei" im August 2008.

Der S-Bahn-Haltepunkt "Stadt Wehlen" befindet sich in Pötscha. Hier beginnen viele Ausflügler ihre Tour durch die Sächsische Schweiz. Am 10.06.2010 fuhr hier ITL-Lok 106 010 durch.

Vor allem im internationalen Güterverkehr ist die Elbtalbahn sehr befahren. Gerade fährt ein Containerzug, gezogen von der ITL-Lok ES 64 F4-288, an den Häusern der Ortschaft Pötscha vorbei.

Bunt ist das Bild der Güterzüge im Elbtal, am 21.09.2005 zogen die beiden DB-Loks 233 232 und 232 141 ihre Last gen Tschechien an der berühmten Basteiaussicht vorbei. Relativ selten ist hierbei der Einsatz von Diesellokomotiven unter dem Fahrdraht.

Am 29.05.2005 fuhr der historische ÖBB-Triebwagen VT 5145 ("Blauer Blitz") zwischen Wien und Dresden. Besondere Bekanntheit erlangte er in den 1960er Jahren im Elbtal als "Vindobona".

Von der Vielfalt der Schienenfahrzeuge auf der Elbtalbahn zeugt diese Aufnahme vom 19.05.2009. Im Haltepunkt Kurort Rathen begegneten sich hier die MEK-Lok 210 sowie eine S-Bahn.

Anlässlich des Dresdner Dampflokfestes war am Maifeiertag des Jahres 1998 die E 77 10 des Verkehrsmuseums unterwegs. Hier im Hp Königstein vor der Kulisse der gleichnamigen Festung.

Ein Bauwerk der Superlative ist der Königsteiner Viadukt über das Bielatal. Errichtet wurde er von 1848-1851. In der großen Linkskurve fahren hier die Züge 5 Meter oberhalb der Straße.

Eine S-Bahn, bestehend aus den typischen Doppelstockwagen, kurz nach Verlassen des Bf Bad Schandau. Dieser liegt zwar etwas abseits der Stadt, ist aber die bedeutendste Station der Elbtalbahn.

Als der Bahnhof Bad Schandau 1877 eröffnet wurde, war für das Kurbad der jetzige Hp Krippen zuständig. Am 28.07.2008 fuhren 372 014 + 372 012 mit einem Leerzug hier vorbei.

Im kleinen Grenzverkehr kamen auch die CD-Triebwagen der Baureihe 810 ("Brotbüchse") in Sachsen zum Einsatz. Hier an der Brücke über den Krippenbach im Oktober 2008.

Kurz vor Schmilka befindet sich die Brücke Hirschgrund (83 m). Verschiedene Marken weisen auf Hochwasserstände hin.

Der Sächsische-Schweiz-Ring - Pirna - Sebnitz - Bad Schandau

Über die fast 300 m lange Pirnaer Stadtbrücke führt auch die Eisenbahnstrecke Richtung Kamenz. Heute sind die roten Desiro-Triebwagen der DB AG bereits wieder Geschichte, denn die Städtebahn Sachsen erbringt seit 12.12.2010 alle Leistungen im Reiseverkehr.

Im Juni 1989 fuhr Dampflokomotive 50 3616 mit einem Sonderzug über die damals einzige Pirnaer Elbbrücke. Einst war hier die Strecke sogar zweigleisig ausgebaut worden.

Jahrzehntelang waren auf der Strecke Pirna - Neustadt die zweiachsigen "Ferkeltaxen" zu sehen. Im Juli 1998 wartete Triebwagen 771 049 im Abzweigbahnhof Dürrröhrsdorf.

Mit einem Sonderzug des Schweizer Reisebüros "INTRAFLUG" kam Dampflok 86 1333 am 12.08.1978 nach Sebnitz. Damals veranstaltete man solche Fahrten für devisenträchtige Eisenbahnfreunde.

Das Bild mit Triebwagen 642 139 führt uns wieder in die jüngere Vergangenheit. Es entstand am 10.10.2007 ebenfalls im Bahnhof Sebnitz.

Im Oktober 2006 war dieser Desiro-Triebwagen unweit von Goßdorf-Kohlmühle im Sebnitztal unterwegs. Einst nutzte diesen Streckenabschnitt auch die 750 mm-Schmalspurbahn nach Hohnstein, deren Wiederaufbau zumindest bis Lohsdorf vorgesehen ist.

Gleich zwei Tunnel befinden sich in der Nähe von Ulbersdorf an der Sächsisch-Böhmischen Nationalparkbahn. Hier Tunnel V (Länge 91 m) im Juni 1989 mit Dampflok 50 849.

Der "untere Tunnel" VI (Länge 77 m) von Ulbersdorf mit Triebwagen 642 535 im Oktober 2006. Insgesamt durchfährt man zwischen Sebnitz und Rathmannsdorf sieben solcher Bauwerke.

Die Carolabrücke in Bad Schandau entstand von 1874 bis 1877 als kombinierte Eisenbahn- und Straßenbrücke. Einst bestand das Bauwerk aus zwei Überbauten (kleines Bild Juli 1972). Nach Fertigstellung der neuen Straßenbrücke erfolgte ein Umbau der Elbbrücke.

Schwarzbachbahn - Goßdorf-Kohlmühle - Hohnstein

Die 1897 eröffnete schmalspurige Schwarzbachbahn wurde bereits 1951 abgebaut. Trotzdem befindet sich die Stampfbetonbrücke bei Goßdorf-Kohlmühle in einem recht guten Zustand.

Erstmals nach 55 Jahren kam im August 2006 wieder eine Dampflokomotive ins Schwarzbachtal. Anlass war die Einweihung des original aufgebauten Bahnhofs Lohsdorf mit Gleisanlagen.

An der einstigen Bahntrasse befinden sich die einzigen beiden Schmalspurbahntunnel in Sachsen. Der untere Tunnel (links) ist 63 Meter lang und der obere misst 37 Meter. Durch beide Bauwerke führt ein Wanderweg, zukünftig soll hier die Bahn wieder fahren.

Kirnitzschtalbahn – Bad Schandau – Lichtenhainer Wasserfall

Seit dem Pfingstsonnabend 1898 verkehrt die meterspurige Kirnitzschtalbahn zwischen Bad Schandau und dem Lichtenhainer Wasserfall. Wie früher bei Überlandstraßenbahnen üblich wurden die Gleise in Seitenlage der Straße eingebaut. Dadurch fahren die Bahnen Richtung Bad Schandau im Linksverkehr. Allen Stilllegungsplänen zum Trotz fährt die Bahn heute auf einer sanierten Gleisanlage.

Im März 1990 war Triebwagen 8 (Baujahr 1938) noch im regulären Einsatz zu finden. Heute wird er als historisches Fahrzeug nur noch zu besonderen Anlässen aus dem Depot geholt.

Ein Bild aus heutigen Tagen, ebenfalls am Gasthaus "Lichtenhainer Wasserfall". In den Jahren 1992 - 1996 gelangten von anderen Straßenbahnbetrieben die Gotha-Fahrzeuge ins Kirnitzschtal.

Als historische Fahrzeuge sind noch die Triebwagen 9 (ehemals Lockwitztalbahn / Linie 31) sowie Triebwagen 5 vorhanden. Zum Kirnitzschtalfest im Juli 2005 pendelten beide Triebwagen zwischen Bad Schandau und dem Straßenbahndepot.

Im März 1990 konnte man noch Fahrleitungsmasten aus der Gründerzeit der Bahn vorfinden. Kurz vor der Mittelndorfer Mühle war hier der MAN-Triebwagen 6 unterwegs.

Im Zuge der grundlegenden Streckensanierung verschwand auch die überalterte Technik. Ein Teil des Fahrstromes wird heute sogar von einer Photovoltaikanlage (Dach Betriebshof) erzeugt.

Feldbahnmuseum Herrenleite - Historische Feldbahn Dresden

Ab dem Jahr 1998 entstand auf dem Gelände des ehemaligen Mineralölwerkes Herrenleite ein Feldbahnmuseum. Angefangen hatte der Verein 1978 als Arbeitsgruppe in Dresden-Klotsche. Auf dem einstigen Militärgelände konnte die Sammlung stetig erweitert werden.

Seit der Museumseröffnung (2003) gibt es an verschiedenen Terminen regelmäßig kleinere oder größere Aktivitäten. Zum oberen Steinbruch (oben rechts) wird ein Fahrbetrieb durchgeführt. Auch auf der Regelspurtrasse (unten rechts) soll zukünftig Feldbahngleis liegen.

Inhaltsverzeichnis

	Seite
Impressum	2
Vorwort	3
Orte in der Sächsischen Schweiz	4
Pirna - Große Kreisstadt	6
Stadt Wehlen - Kleinstadt in der Sächsischen Schweiz	16
Kurort Rathen - kleinste Gemeinde in Sachsen	24
Königstein - geschichtsträchtiger Ort	30
Bad Schandau - Staatlich anerkannter Kneippkurort	34
Reinhardtsdorf-Schöna - direkt am Malerweg	44
Hinterhermsdorf - mit der Oberen Schleuse	46
Hohnstein - Burgstadt am Fels	50
Lohmen - mit der Bastei	56
Stolpen - Burgstadt mit Geist	62
Steine und Berge in der Sächsischen Schweiz	66
Rauenstein - Tafelberg 304 m	68
Gamrig - Aussicht in 253 m	70
Lilienstein - Tafelberg 415 m	72
Königstein - Tafelberg 360 m	76
Pfaffenstein - Tafelberg 428 m	84
Gohrisch - Tafelberg 448 m	90
Papststein - Tafelberg 452 m	92
Großer und Kleiner Zschirnstein - Tafelberge 561/473 m	94
Neuer Wildenstein - mit Kuhstall (336 m)	96
Schrammsteine - Felsgruppe (Hoher Torstein 425,7 m)	100
Affensteine - Felsgruppe (Carolafelsen 458 m)	106
Großer Winterberg - 556 m (Basaltkuppe auf Sandstein)	110
Zirkelstein - Tafelberg 384,5 m	112
Kaiserkrone - Tafelberg 350,8 m	114
Täler und Schlüchte in der Sächsischen Schweiz	116
Teufelsgrund / Teufelsschlüchte - Rundweg	118
Uttewalder Grund - altberühmte Schlucht	120
Amselgrund - Tal des Grünbaches	122
Bielatal - Wander- und Kletterparadies	126
Polenztal - reiches Wildvorkommen an Märzenbechern	130
Kirnitzschtal - wildromantisches Kleinod	134
Böhmische Schweiz	144
Tyssaer Wände - geheimnisvolle Felsenstadt	146
Herrnskretschen (Hrensko)	148
Edmundsklamm - einzigartiger Canyon	150
Wilde Klamm - einsame Felsschlucht	154
Rainwiese (Mezni Louka) - beliebter Luftkurort	156
Prebischtor - größtes Sandsteintor Europas	158
Niedergrund (Dolni Zleb)	160
Tetschner Schneeberg - höchster Berg des Elbsandsteingebirges (722,8 m)	162
Tetschen-Bodenbach (Decín)	164
Bahnen in der Sächsischen Schweiz	166
Elbtalbahn - 'Dresden - Bodenbach (Decin)	168
Der Sächsische-Schweiz-Ring - Pirna - Sebnitz - Bad Schandau	176
Schwarzbachbahn - Goßdorf-Kohlmühle - Hohnstein	182
Kirnitzschtalbahn - Bad Schandau - Lichtenhainer Wasserfall	184
Feldbahnmuseum Herrenleite - Historische Feldbahn Dresden	188
Inhaltsverzeichnis	190
Literatur- und Quellenverzeichnis	191
Danksagung, Bildnachweis	191
Aus unserem Verlagssortiment	192

Literatur- und Quellenverzeichnis

Heinz Klemm, Die Entdeckung der Sächsischen Schweiz,
Sachsenverlag Dresden, 1953

Hellmut Barthel, Hohnstein - Polenztal, Wanderheft 2
VEB Tourist Verlag Berlin-Leipzig, 1987

Hermann Lemme, Elbfahrt Dresden - Schmilka, Wanderheft 33
VEB Tourist Verlag Berlin-Leipzig, 1983

Klaus Theodor Henke, Festungen in Sachsen
RV Reise- und Verkehrsverlag GmbH, 1991

Autorenkollektiv, Flügelrad und Elbsandstein
Pirnaer Redaktions- und Verlagsgesellschaft, 2001

Broschüren und Faltblätter verschiedener Museen, kommunaler
Verwaltungen und Vereine, verschiedene Internetauftritte

Danksagung

Für einen einzelnen Autor ist die Realisierung aller Fotoaufnahmen innerhalb der bereisten Region in einem überschaubaren Zeitraum kaum möglich. Deshalb möchte ich mich besonders bei meiner Ehefrau Katrin und meinem Sohn Tony für die tatkräftige Unterstützung bedanken. Dank gilt auch meinem Vater Roland Böttger, welcher die historischen Dias zur Verfügung stellte. Freundliche Unterstützung erhielt ich ebenso von allen im Band vorgestellten Einrichtungen und Museen.

Bildnachweis

DDR-Museum Pirna: Seite 19

Roland Böttger: Seite 16 l. / 24 l. / 26 l. / 30 l. / 34 r. / 48 r. / 52 l. / 54 l. / 75 r. / 89 l. / 124 l. / 125 l. / 137 r. / 150 l. / 151 l. / 154 l. / 158 l.

Joachim Dietrich: Seite 169 / 170 / 172 r. / 179 r.

Thomas Allgaier: 180 r.

Aus unserem Verlagssortiment

Entlang der Schiene von Chemnitz nach Wechselburg
Das Chemnitztal und seine Eisenbahn
Steffen Kluttig, Ronny Preußler, Achim Poller

Erst 1902 eröffnet, war die Chemnitztalbahn 97 Jahre in Betrieb. Im Jahre 1999 fuhr der letzte Zug durch das Tal und die Natur holte sich inzwischen die Trasse zurück. Dieser Band mit dem Reprint der Festschrift von 1902 soll an diese Strecke erinnern.

Format 16 x 24 cm, 160 Seiten, 125 s/w und 70 Farbfotos
Preis: 19,80 € **ISBN 978-3-9808250-2-7**

Fernblicke - Aussichtstürme in Sachsen
Region Vogtland - Westerzgebirge - Muldenland
Karl Bauerschaper / Armin Kaden
Bisher erfolgten Beiträge zu sächsischen Aussichtstürmen nur in loser Folge in Heimatschriften und Zeitungen. Erstmals gibt es nun eine komplette Aufstellung mit Baugeschichte und seltenen Abbildungen zu allen Türmen der aufgeführten Region.

Format 16 x 24 cm, 144 Seiten,
17 Schwarz-Weiß-Fotos, 135 Farbfotos, 31 hist. Ansichtskarten
Preis: 19,80 € **ISBN 978-3-937496-26-2**

Entlang der Weißeritz
Fotografien: Wolfgang Thomas

In diesem Bildband erleben wir eine fotografische Wanderung durch die Täler der Weißeritz, welche gleichzeitig auch eine Zeitreise darstellt. Bereits im Jahre 1989 hatte der Fotograf den Auftrag, Bilder für einen nicht mehr erschienenen Band zu erstellen.

Format 16 x 24 cm, 160 Seiten, meist ganzseitige Farbfotos
Preis: 19,80 € **ISBN 978-3-937496-18-1**

Bahn-Reiseführer
Auf Sachsens stählernen Spuren
Reiseziele für Bahnfreunde
Thomas Böttger
Sachsen gilt als das Bahnland schlechthin, deshalb gibt es gerade hier die größte Anzahl von bahntechnischen Sehenswürdigkeiten. Der Band gibt darüber eine umfassende Übersicht - vom Großstadtbahnhof über Museen und Modelle bis zum Einzeldenkmal.

Format 16 x 24 cm, 272 Seiten, 7 s/w und 450 Farbfotos, 25 Ak
Preis: 26,50 € **ISBN 978-3-937496-35-1**

Text-Bildband
Die Mulde
Eine Bilderreise entlang des schnellsten Flusses Europas
Thomas Böttger
Dieser Bildband zeigt die Regionen entlang der Freiberger, Zwickauer und (vereinigten) Mulde mit stimmungsvollen Fotos. Seit über 20 Jahren steht damit wieder ein Buch über das gesamte Muldengebiet zur Verfügung.

Format 16 x 24 cm, 192 Seiten, 4 s/w und 306 Farbfotos
Preis: 22,80 € **ISBN 978-3-937496-25-4**

Text-Bildband
Entlang der Spree
400 km von der Oberlausitz bis zur Havel
Thomas Böttger
Der Band führt entlang der Spree von den drei Quellen in der Oberlausitz bis in die Bundeshauptstadt Berlin. Erstmals werden die verschiedenen Landschaften und bedeutenden Sehenswürdigkeiten links und rechts des Flusses in ihrer Gesamtheit dargestellt.

Format 16 x 24 cm, 192 Seiten, 354 Farbfotos
Preis: 22,80 € **ISBN 978-3-937496-36-8**

Weitere Titel u. a. zum Thema Eisenbahn und Kraftverkehr sowie Kalender finden Sie im Internet unter www.boettger-bildverlag.de.

17